GET TO THE POINT!

说到点子上

Joel Schwartzberg

[美] 乔尔·施瓦茨贝里——— 著

董晓娜———译

九州出版社
JIUZHOUPRESS

目　录

如果你不能把它简单地解释出来，那说明你还没有很好地理解它。

——阿尔伯特·爱因斯坦（Albert Einstein）

引　言

六年级的时候，我第一次正式发言。我穿着蓝色的三件式套装，戴着宽大的夹式领带，参加了一场辩论比赛，发表了一篇关于中子弹（中子辐射武器）的演讲，这是一种现在已经过时了的装置，旨在通过辐射最大限度地毁灭人类，同时将财产损失减少到最低限度。

我知道，这对 11 岁的小孩子来说是很有意思的东西。

被问及演讲内容时，我只回答说："中子弹。"我的演讲属于典型的读书报告式发言：里面充斥着很多信息，描述着关于我所谓的"爆炸性"的问题，但我的演讲本身在这个问题上并没有采取任何立场。

我经常回想这次演讲，不仅仅因为它开启了我未来 11 年激动人心的竞争之旅，而且因为我的演讲也体现出了人们在公共交流中犯下的最大错误：只是分享信息，而没有推销自己的观点。

我在许多学生和客户的身上找到了自己小时候的影子：

满腹才华的重要人物有重要的话要说，但是发表的讲话却只是讲了"谁在哪里做了什么"这样的读书报告式发言，或者发言根本没有明确的主题。

这些人就像是从不说"该产品可以使您受益颇深"的推销员，就像是从不说"这项措施可以挽救生命"的倡议者，就像是从不说"这种风格可以引人注目"的设计师，就像是从不说"这个系统可以提高我们的工作效率"的商界领导人。

为什么人们总是讲很多话却不怎么提出观点？（对于该问题）一个人可以指责我们的教育体系、媒体典范，甚至父母的教育方式，但我不在乎问题产生的原因。我更感兴趣的是如何帮助他们发现并成功传达自己的观点。

1990 年，我获得了全国演讲辩论比赛的冠军，结束了参加公众演讲比赛的生涯，在这段日子及之后的日子里我学到的是：无论你是谁，你在以何种方式进行沟通，你在和谁进行沟通，发言中提出观点都会让你受益颇深。毕竟，一个观点都没有，你说的一切便都是废话。

没有人比你更有资格、更有能力展现你自己的观点，所以我希望这本书可以帮助你更加有效地表达自己的想法。

第一章
大错特错

The Big Flaw

　　我做沟通技巧培训师已经有十多个年头了，我发现在发言的时候有一个致命错误出现的频率最高。这个错误致使人们情绪紧张、发言漫无边际，最终导致发言非常失败，大多数发言者都不知道这个错误将毁了他们的发言：

　　那就是他们发言时没有观点。

　　他们自以为有观点，但事实并非如此。

　　事情是这样的：

　　◇你必须有观点才能提出观点。

　　◇你必须有观点才能推销观点。

　　◇你必须有观点才能紧扣观点。

　　很多关于公众发言的文章只是浅显地建议你"观点要明确"或"不要跑题"，而没有深入地探究下去。有一点非常重要却常常被忽视，我还没有在哪里看见过：如何形成一个真正的观点并有效地表达这个观点。这就像营养师只告诉你"要吃得营养健康"，然后就结束服务开始收费了。这样的话只能祝你好运。

没有比这个错误更致命的了。简言之，没有观点，你都不知道自己在说什么。结果就是——我们现在在各种场合都经常可以看到这样的例子——发言的人很多，但真正能够提出观点的人却很少。

一旦发言者有了观点，那接下来最重要的任务就是要有效地表达这个观点。

我所说的"有效"是什么意思呢？很简单：如果听者可以抓住你的观点，发言者就成功了。如果听者没能抓住你的观点，发言者就失败了——无论除此之外你还给听者留下了怎样的印象。

读到这里，你想到的可能会是那种经典的发言场景——发言者站在拥挤的听众前进行演说。但事实是，你每次的沟通交流都隐含着潜在的观点。无论你是在会议上做主题发言，周一早晨做工作进度报告，和母亲或者经理交谈，写邮件或做演示文稿，一个真正的观点可以帮助你获得你在沟通交流中最想得到的结果。

这本书会教你如何识别观点、充分利用观点、抓住重点、紧扣观点以及推销观点，帮助你在这些场合中收获最理想的结果。这本书也会告诉你如何克服发言的焦虑感和训练他人识别和表达他们自己的观点。

当然，如果你不知道观点为何物，光知道自己需要观点是没用的……大多数人还真不知道观点是什么。让我们从最基础的步骤出发，从著名的"我认为"句子开始。

我相信没有武器的真理与无条件的爱，将会在现实中拥有最终话语权。

——马丁·路德·金（Martin Luther King, Jr.）

第二章
识别观点

Know Your Point

我们对观点都略知一二。毕竟，我们总是把这个词挂在嘴边：

◇"表明你的观点！"

◇"你想说明什么观点？"

◇"请紧扣你的观点。"

然而，人们经常将观点与主题、话题、标题、标语、想法等其他概念混淆起来。我们认为，像供给方经济学、运动锻炼的好处、继母的角色或你在哥斯达黎加度过的夏天都可以是很好的演讲内容。

但这些都不是真正意义上的观点。

想一想孩子写的关于美国革命的历史论文。如果你询问他的观点，他可能会说这是一篇关于美国革命的论文。

这是话题。

他也许会说这篇论文讲了乔治·华盛顿和美国的建国历史。

这是标题。

他甚至可能会说这篇论文论证了毅力在美国历史上的作用。

这是主题。

但观点是独一无二的。

观点是一种主张，你可以提出观点，为之辩护，并解释和证明你的观点。

观点可以表明其价值和目的。

你要推销自己的观点，而不仅仅是分享或描述你的观点，这样才能最大限度地发挥其影响力。

那么真正的观点是什么样的？它似乎是这样的：

◇政治家的观点：我的方案会让中产阶级拥有更多的购房机会。

◇首席执行官的观点：对研发的投资将确保我们公司继续保持与时俱进。

◇供应商的观点：我无可匹敌的服务会让您获益更多。

◇倡导者的观点：这一运动将挽救生命。

◇应聘人员的观点：我会帮助您的部门达成目标。

◇母亲的观点：现在节省这笔钱，你可以在以后买更好的东西。

有一个简单有效的方法可以确认你是否提出了真正的观点，如果你没有提出真正的观点，这个方法还可以帮助你提出一个真正的观点——三步测试加两个强化手段：

第一步："我认为"测试。

第二步："所以呢"测试。

第三步："为什么"测试。

强化手段一：避免分叉结尾。

强化手段二：加入价值主张。

这些步骤是本书的重点，建议你用荧光笔标注并时常停下来将这些建议应用到你的主要观点和次要观点中。掌握这些技巧的最好方法就是马上应用它们。

第一步："我认为"测试

这是一个只记通过 / 未通过的测试，可以总结为：

你的观点能否放在"我认为"后，从而形成一个完整的句子？

"我认为＿＿＿＿＿＿＿＿＿＿＿＿＿＿＿＿＿＿。"

例如，你不能说"我认为美国革命"或者"我认为乔治·华盛顿和美国建国"或者"我认为毅力在美国历史上的作用"。这些是语言片段而非完整的句子，这样造句，你的小学英语老师可高兴不起来。

但你可以说"我认为美国革命使我们国家获得了持久的民主"。

再举一些大人们会遇到的例子：

你不能说"我认为 IT 创新"。

但是你可以说"我认为 IT 创新会提高我们的效率"。

你不能说"我认为收入不平等"。

但你可以说"我认为收入不平等是美国国内最大的问题"。

你不能说"我认为投资基础设施建设"。

但你可以说"我认为投资基础设施建设能够帮助我们为未来做好充足准备"。

赶快试试把"我认为"测试运用到你可能会对同事、老板或潜在客户提出的观点中吧。然后看看你所认为的观点是不是真正的观点。

一旦你的观点通过了"我认为"测试，接着开始第二步。如果你的观点没有通过"我认为"测试，请继续努力，直到"我认为"语句合乎语法要求。如果你需要灵感，请参考本书各章中的"我认为"语句。

第二步："所以呢"测试

有些观点虽然通过了"我认为"测试，但可能太过浅显而不能使你的发言显得十分有意义。"所以呢"测试可以找出这样的观点。这些薄弱的观点通常是自明之理。无论你的观点是"世界和平是好事"还是"冰激凌很美味"，这样的常识肯定是真的，没有必要专门提出来。

你也可以称之为"废话"测试。

你可以通过两个问题来判断自己的观点是否太浅显或根本就是个常识："其对立观点有据可依吗？"和"我能用一分钟以上的时间为这一观点辩护吗？"

我们可以把前面的例子改成"作为甜点，冰激凌总是比冰冻酸奶更好"和"联合国对维护世界和平至关重要"，这样就成了观点。

这些观点可以运用逻辑、数据或案例研究来支撑。

能够区分浅显论点和实质论点，可以帮助你提出更有意义的观点。

现在让我们同时进行第一步和第二步。

例一：

"2016 年选举" = 不是观点

（未通过"我认为"测试。）

"2016 年的选举是一个巨大的新闻事件。" = 不是观点

（通过"我认为"测试，但过于浅显——无对立观点。）

"2016 年选举改变了总统竞选的传统规律。" = 观点！

（通过"我认为"测试，并可以进行深入分析。）

例二：

"脸书（Facebook）新发布的隐私功能" = 不是观点

（未通过"我认为"测试。）

"脸书拥有新的隐私功能。" = 不是观点

（通过"我认为"测试，但此观点是不言自明的。）

"脸书新的隐私功能实质上保护了他们的用户。"＝观点！

（通过"我认为"测试，是件值得讨论的事情。）

突出观点几乎可以改善所有的专业交流——甚至改善大多数的个人交流。一位学生曾经就此提出质疑，他认为，介绍发言者或简单地欢迎听众就不是在陈述观点。

的确，"演讲人萨曼莎（Samantha）的介绍"不是观点。

但"演讲人萨曼莎的想法将帮助我们成为效率更高的项目经理"当然是观点。

"大家好，欢迎参加本次会议！"不是观点。

但是"本次会议上的学习能够提高人力资源工作的效率"当然是个观点。

这次，你可能能够提出一个实用的观点——想象它是2B 铅笔的尖端。但问问自己"这是不是最尖锐、最深刻的观点？"第三步就可以回答这个问题。

第三步："为什么"测试

"为什么"测试可以有效地确保你避免使用无意义的形容词——我称之为"空容词"。这些都是通用的形容词，对你表达观点毫无帮助。

比较以下两栏形容词：

第一栏	第二栏
杰出的	紧急的
卓越的	有益的
绝妙的	高效的
了不起的	空前的
非常好的	刺激的

与右边的形容词相比，左边的形容词没有什么实际意义。当我们说什么东西是"好的"或"非常好的"时，几乎无法显示其好的程度、原因或具体好在哪里。然而，演讲和书面报告中的"空容词"有时比某些推文中的"空容词"还多。

如果你使用的是"空容词"，或者怀疑你自己使用了"空容词"，请大声说出那些不言自明的观点并开始改正。

接下来，问问自己"为什么？"并回答这个问题。

例一：

我认为聘请社交媒体经理很重要。

（为什么？）

因为她可以帮助我们对产品进行积极的宣传。

现在，消除"重要"这个空容词，并将第一部分（"我认为雇用社交媒体经理……"）直接连接到最后一部分（"……可以帮助我们为产品进行积极的宣传"）：

我认为社交媒体经理可以帮助我们对产品进行积极的公众宣传。

例二：

我认为我们的营销策略很薄弱。

（为什么？）

因为我们的营销策略过分关注产品利润，不足以满足客户的需求。

和前面的例子一样，将第一部分直接连接到最后一部分上，从而消除空容词"薄弱"：

我认为我们的营销策略过分关注产品利润，不足以满足客户的需求。

反复检查你的演示材料，消除空容词，用更有意义的形容词取代它们。可以的话，最好不要使用形容词，而是通过例子来说明问题。

例如：

◇糟糕的表达：采用这项协议对我们公司来说非常好。

◇改善后的表达：采用这项协议能够提高我们公司的效率。

◇更好的表达：采用这项协议可以提高我们公司的业务运行效率。

你可能有很多观点，但对你来说哪一个观点最有力？

使用空容词就像少年棒球队的教练说"加把劲儿，约翰尼！"与"来球时保持注意力，约翰尼！"相比，前者没有什么实际作用，而后者则卓有成效。

记住：你不是在随便找个观点，你想找到最强有力的观点。

强化手段一：避免"分叉结尾"

演讲者经常会使用"分叉结尾"将两个及以上的观点合并成一个观点：

◇我认为将文件转移到云端将（1）改善我们的碳足迹，并（2）提高我们的效率。

如果你的观点出现"末尾分叉"，洗发水可帮不了你。无论你通过合并多种观点获得了什么，这么做只会稀释每种观点的影响，观点的效果反而减半。观众不仅被迫将注意力分散到多个观点上，而且还不知道哪个观点最重要。

大多数情况下，你可以根据组织的要求和听众的最大需求找到最有力的观点。

在这个例子里，"提高我们的效率"可能比"改善我们的碳足迹"更为有力，因为"提高效率"说明可以节约成本、提高生产率和利润，而"碳足迹"主要与具体的环境问题有关。（当然，如果你参加环境会议，请优先考虑第1点。）

无论你选择哪个具体观点，要知道，从你的观点中删除一处细节并不意味着它从你的演示文稿中完全消失。演示文稿中还剩下很多空间，可以容纳"额外的益处"或"需要额外考虑的因素"，但关键是要避免细节和多余的话语弱化你的主要观点。

强化手段二：加入价值主张

很多情况下，你可以通过加入最高价值主张来升华你的观点。你的观点最大的作用是什么？这个作用可能是降低成本、帮助低收入家庭的儿童在学业上取得成功、销售更多的烤面包机或拯救生命，不仅是你，你的听众也必须认识到其实质性的好处才行。

以下这些观点都通过了第一步和第二步测试：

◇（我认为）这项措施可以使我们做出更明智的财务决策。

◇（我认为）我在教育方面的提议可以提高学生的考试成绩。

◇（我认为）这种方法将增强我们的营销效果。

◇（我认为）这项创新将优化医院运营。

对比以下观点：

◇（我认为）这项措施将大大降低我们的成本。

◇（我认为）我们应当帮助低收入家庭的孩子获得学业上的成功。

◇（我认为）这种方法可以帮助我们销售更多的烤面包机。

◇（我认为）这项创新将拯救更多的生命。

在很多交流中，观点常常达不到预期的效果。如果你的观点可以拯救生命、维护和平或是赚大钱，为什么不用一些非同寻常的话语来推销你的观点呢？不要止步于明确的指标和短期利益，你要宣传你的终极目标——关乎希望和梦想的东西，而不是计划清单或工作进度报告。宣传终极目标会激起观众的兴趣。

不要只注重语言本身

最后一条：不要只注重言辞本身。一些需要提出观点的人——尤其是作家和律师——能够写出"完美的观点"，然后把它们当作福音或是具体的使命宣言宣讲出来。这种做法可是有点危险的：如果你在表述观点的过程中忘记了其中一些话具体是怎么表达的，那么你的发言可能会就此"偏离轨道"，因为你没有给自己提供即兴创作的空间。沟通的时候，你的真正目标是传达你的观点，不是精确地背诵稿子，所以放心大胆地灵活使用词汇吧——只要你的观点准确就行。

现在让我们用下面两个现实中的例子说明这一点：

例1：美国国家公共电台的"捐款运动"

如果你有定时收听美国国家公共电台（NPR）的习惯，那你很可能非常厌恶捐款运动——广播时间加长了，但其中一大部分时间都被用来索要捐款。这样的广告很惹人烦，还反复出现，但他们必须这么做才能达到财务目标。下面展示了索要捐款的观点是如何从一个普通观点变得更有说服力的，并列出了必要的提示词展现观点是如何一步步改进的。

你应该向国家公共电台捐款。

（我为什么要这么做？）

向国家公共电台捐款很重要。

（为什么捐款很重要？）

向国家公共电台捐款可以提供资金支持，使其制作高质量的节目。

（哪一个节目？它可以做到什么？）

向国家公共电台捐款有助于电台揭露重要的新闻事实。

（我应该如何捐款？）

"你应该向国家公共电台捐款"和"向国家公共电台捐款有助于电台揭露重要的新闻事实"，两者产生的影响有着巨大的差别。这个观点一下子就从普通的请求上升到迫切的提议。这就是观点的力量。

例 2：泰勒和丹泽尔

知道观点与否，结果大不一样，如果你想清晰地看出二者的差别，那就来看看两大娱乐明星的获奖感言。这些获奖感言的视频在 YouTube 视频网站上很容易就能找到并观看。

我们先来看看泰勒·斯威夫特（Taylor Swift）在 2016

年 2 月 15 日获得格莱美年度专辑奖（Grammy Award for
Album of the Year）时发表的获奖感言中最后一部分的演讲。
她大概是这么讲的：

> 作为唯一一个得到两次格莱美年度专辑奖项的女
> 歌手，我想对所有的年轻女孩说：你们总会遇到一些阻
> 碍你们成功的人，或者把你的荣誉据为己有的人。但如
> 果你集中精力工作，不被这些人转移注意力，有朝一日
> 当你获得梦寐以求的成功时，环顾四周，你将明白这都
> 是你自己和爱你的人帮助你实现的，那将是这世界上最
> 棒的感觉！感谢你们！

抓住观点。观点是一个明确、纯粹的"我认为"句子。
观点是一条明确的价值陈述。一点也不漫无边际——她的
演讲跌宕起伏，卓有成效。我不知道泰勒是否背诵了整个
感言，但她很清楚地知道自己想表达什么样的观点，并能
有效地表达出来。

现在我们对比一下丹泽尔·华盛顿（Denzel Washington）
在 2016 年 1 月获得美国金球奖（Golden Globe Awards）终

身成就奖（Cecil B. DeMille Award）时发表的感言，他的发言大致是这样的：

> 谢谢。我激动得不知道该说什么了。谢谢。好了。大家请坐。太棒了。谢谢。谢谢。我惦念着一个人。那就是电影《马尔科姆·X》的制片人，他正在美国电影学院写论文。是的，有一天他也会给你个角色让你成功的。是的，站在这里你真的会彻底忘掉该做什么。我有点语无伦次了。我真的很感谢你们。我还想感谢好莱坞外国记者协会（Hollywood Foreign Press）。还有弗雷迪·菲尔兹（Freddie Fields），你们可能第一次听说他。是他邀请我第一次参加好莱坞外国记者协会的午餐会。他说："他们会看这部电影。我们要满足他们，他们会对你留下印象。你会和大家拍照。你会上杂志，拍照，获得大奖。"这一年我就获奖了。我想感谢好莱坞外国记者协会，感谢他们这些年一直支持我，他们总把我当作朋友或协会的一分子……（感谢了这么多人）哈，是的，我需要戴上眼镜。对。来这儿。谁还在这名单上？哦，好吧。伙计，没事。好了，上帝保佑你们。我还没有感谢我的家人。感谢我的家人，上帝保佑你们。谢谢。

　　谁的获奖感言观点更加有力一目了然，但是让泰勒的感言更加吸引人的不是个人魅力、自信、幽默、练习，甚至也不是内容本身，而是有观点、识别出观点并能够传达出观点。

　　我无意冒犯丹泽尔——他是最伟大的在世演员之一，我相信他很优秀——但是如果你在专业场合像他一样发言，你可能再也没有机会进行公众发言了。

　　发言最起码的要求：表达真正的观点。这是唯一可以全面展现出你观点价值的途径。就像一把质量上乘的牛排刀具越尖锐越锋利一样，观点越尖锐越深刻。

我认为优秀的新闻和电视节目能够让我们的世界更美好。

———克里斯汀·阿曼普（Christiane Amanpour）

第三章
提出观点

Make Your Point

　　识别自己的观点是关键性的开端，但也只是整个过程
的第一步。第二步——成功表达观点——需要你清楚地知
道自己最重要的任务是什么（也要知道哪些事情不重要），
并知道如何成功开场。

知道自己该做什么

　　在我们思考"优秀的沟通者"拥有哪些特点时，以下
这些品质——以及类似的特征——常常会进入我们的脑海：

　　　◇有趣的

　　　◇增长见识的

　　　◇好玩的

　　　◇吸引人的

　　　◇自信的

◇有感召力的

◇起教育作用的

◇激动人心的

一些沟通者过分注重给听众营造出这样的感觉。他们内心有个声音在说：

◇"发言开始的时候我得讲个笑话。"

◇"我必须把信息全部表达出来。"

◇"我必须让观众喜欢我。"

尽管拥有这些品质是有益处的，但其实它们对你最终能否成功表达观点几乎没什么影响。有效的沟通交流只取决于一点：

将你头脑里的观点转移到听众的头脑里。

情况就是这样。你能把观点传达出去，你就成功了。如果你没能把观点传出去，就算你风趣、友善、吸引人、切题、出色、博学、讨人喜欢，你还是会失败。

如果有帮助的话，你可以把自己想象成一个骑自行车的邮递员。你唯一的任务就是把包裹——你的观点——从地点 A 送到地点 B，即从你的头脑里传送到听众的头脑里。

衡量其成功与否的标准为是否成功传送。

因为观点传送的过程非常重要，只有问问某个听众"你明白我的观点了吗？"才能知道你是否达到了目标。想进一步测试的话，就看看那位听众能否准确地把你的观点复述给你。

还有一些衡量发言是否成功的传统标准——像赞美、掌声、欢笑、微笑等——相对用处不大，因为这些标准并不能让你判断出自己的观点是否传达成功，它们只反映出你对观众的吸引力大小。这些标准可能对有奖竞赛节目的主持人非常有用，但是对想要提出观点的人来讲并非如此。

明确自己唯一需要做的事情具体是什么，心中的焦虑也会有所缓解，尤其当你非常担心自己的外表如何，看起来有多紧张，或是否有口音时。成功地提出观点与你的形象无关，而是取决于你是否成功传达了你的观点。就像邮递员只需要送东西并避免路障一样，你也只需要传达自己的观点并避开传达过程中的阻碍。

说好开场白

演讲开场后的 15 秒是至关重要的。这 15 秒钟时间里，听众会判断出你的发言是有趣的还是无聊的。在这短短 15 秒内，你的表现可以塑造或打破观众对你的印象。

朋友和同事可能会力挺你。你的对手和那些抨击者们可能会趁这个时间寻找你观点里的漏洞。但是他们都希望："你可别让我们睡着了。"说得直白点：要紧扣主题。说好开场白——别让听众睡着了——需要你快速切题。但是你知道大多数发言中冒出来的第一个词是什么吗？

大家好？不是。

那个？也不是。

所以。

是的，就是"所以"这个词。

为什么我们总是用"所以"这个词开场？可能这个词让我们觉得我们是在继续刚才的对话，非常轻松愉悦，不像另外开始一个发言那样令人害怕。

以下是一些没有及时切题的案例，每一个案例都以大大的"所以"开头，是不是听起来很熟悉？

◇"所以……大家今天感觉怎么样？"

◇"所以……你可能会想……"

◇"所以……我们昨天讨论了……"

◇"所以……我们来稍微探讨一下……"

知道你的第一个词是什么，并且坚持把它作为你的第一个词，你就可以避免这种结果。

对我来说，我的第一个词一般是"我的"：

◇"我的名字是乔尔·施瓦茨贝里……"

或者"好"：

◇"早上好。我的名字是乔尔·施瓦茨贝里……"

或者"今天"：

◇"今天我希望大家可以关注一下我们供应链中的一个重大问题……"

无论你的第一个词是什么，在说这个词之前不要说其他的话，然后完美地继续你的开场白并让听众在脑海里建立以下三条信息：

1. 你是谁（如果你的听众对你不熟悉）；

2. 你的观点是什么；

3. 你的观点为什么重要（如果你表达观点的时候没有指出其重要性）。

因为开场 15 秒太重要了，我一般推荐把开场词背诵下来（另外，这是我第一次也是最后一次建议你们背诵东西）。

你愿意的话，可以坚持用一些平易近人、活跃气氛的话作开场白——笑话、早晨发生的趣事或是相关的新闻——但要事先计划好，不能临时现编。同时，你要意识到这些活跃气氛的方式对你的观点毫无帮助，它们只会耽搁你表达观点。所以最好有效地灵活运用开场白，这样你可以快速切题。

我认为舞蹈来自人民，也应当传达给人民。

——阿尔文·艾利（Alvin Ailey）

第四章
推销观点

Sell Your Point

　　我在一本儿童杂志的编辑部工作时，公司总裁让一位油嘴滑舌的销售培训师教授全体员工关于完成交易的基本知识。他虽然不是《拜金一族》(*Glengarry Glen Ross*)中亚历克·鲍德温（Alec Baldwin）饰演的推销大师布莱克，但也差不多了。

　　在我们这些编辑看来这简直就是浪费时间——我们认为，销售毕竟是公司营销人员和广告人员关注的焦点，而不是作家和编辑该关注的。

　　现在回想一下，我发现我们的总裁很有远见。我们其实无时无刻不在推销东西——我们中一些人在推销杂志的广告专栏，其他人则推销更有价值的东西即观点。

　　好的想法以观点的形式呈现出来，值得去推销而不仅仅是分享。那么你如何确定自己真真正正地推销了自己的观点而不仅仅是分享它们？请往下读。

避免读书报告式的发言

很多发言者并不是在发言，他们是在做读书报告。读书报告式的发言仅仅描述了谁在哪里做什么，有的时候也会讲一下怎么做和为什么？这些很少能成为真正的观点，但很多发言者自以为它们就是真正的观点。读书报告式的发言不一定能够传达出发言者与发言主题之间的关系、主题与听众之间的关系和主题背后的潜在影响。

读书报告式的发言和表达观点之间的区别正如复述一部电影的情节和劝说别人陪你看这部电影之间的区别，以及写实文学作品的目录和封二上简介的区别一样。在两个类比的例子里，前者是分享内容，而后者才是推销观点。

在工作中读书报告式的发言会以各种形式出现，从工作进度报告到市政厅讲话再到销售宣传。每个读书报告式的发言中，发言者只解释了信息，却没有提出任何自己的观点。发言中没有表明观点的"我认为"语句，只有成堆的信息。

我常常能立刻分辨出"观点分享者"和"观点推销者"。观点分享者常常说：

◇"今天，我想稍微探讨一下什么什么。"

这个人有推销什么吗？从这样的开场介绍来看，他好像什么也没有推销。他似乎只是想把话一股脑儿说出来而已，再把这些话和别人的话混在一起，期望着它们的结合能够奇迹般产生促进他人行动的效果。

毕竟，他只想"探讨一下"。

把观点分享者和观点推销者比一比：

◇"今天，我将向大家解释为什么做这件事可以得到那样的结果。"

下面取自我们研讨会的两个例子会更加深刻地体现出这种差别。

例1：

我曾经的客户从事过名牌商品的销售工作，推销过帽子、小册子、标牌和别针等商品，所有商品都可以安上顾客自己的标志。我让她给我看看她做得最好的商品广告。她列出了所有商品，然后开始描述这些商品：

　　看到这顶帽子了吗？这款帽子永不过时，可以调节，还可以将您的标志缝在前面永久保留。看到这个别针了吗？它可以用来固定一个三色版标志，而且还有一个磁性背衬，所以不会刮破衬衫或夹克。这款横幅由特殊材料制成，可阻挡液体、防止褶皱，可以把您的标志打印在整个横幅上……

　　她就这样一直描述她的商品，直到没有商品可以讲了才停下来。

　　我告诉她，她对商品的描述很细致（想想读书报告），但是有一句话我没有从她口中听到：

　　◇如果购买了我的服务，会有更多人看到您品牌的标志，会有更多人购买您的商品，让您获得收益。

　　例 2

　　我的另一位客户曾在一家大型非营利组织工作，这个组织致力于帮助来自发展中国家的贫困妇女。她的工作就是说服上司给一本书开绿灯。她是如此推荐这本书的：

　　这本书完美地诠释了我们的使命——它详细讲述了这些勇敢女性的故事，将她们自己的话以意味深长的散文形式表现出来。每个故事里的插图照片都是由获奖摄影师拍摄的，书后有一个主题索引，你可以用它找到你关注的主题。把这本书放在任何人的房间里都是很好的装饰，也可以假期带回去作为一件非常有意义的礼物。

　　这又是一个读书报告式的发言。她把这本书的每一个细节都描述得淋漓尽致，但是她并没有推销自己的观点。考虑到她所属组织的使命，更有力的观点推销听起来可能应该是这样的：

　　◇这本书能够让主要的读者和赞助商了解我们的使命，帮助我们筹集资金，从而帮助更多贫困家庭。

　　想要实现从观点分享者到观点推销者的飞跃，并不需要你再读个大学，只需要把握住最有力的观点和其背后的最高价值主张就可以了。

　　在最近的一次公共演讲研讨会上，我在一张大纸上用大写字母写下了"SELL（推销）"这个词，每当我觉得学生们没有推销他们的想法时，我就把它拿出来提醒他们。学生的语气、肢体语言、声音音量和词汇选择都随之发生了深刻的变化，听众立即感受到了这种影响。这些学生来研讨会时还是一个个观点"描述者"，离开的时候都已经成为出色的观点"推销员"了。

使用推销语言

为了确保我的客户能够做到多推销观点而不是分享观点，我鼓励他们采用这些能强烈表现观点的短语：

◇我提议……

◇我推荐……

◇我建议……

这些简单短语的亮点在于——类似于"我认为"——它们会迫使发言者创造一个真正的观点，通常是一个价值主张。使用这些短语的人常被视为领袖，结果……他们最终成了真正的领袖。

无论和员工还是和主管以何种形式沟通，你都可以试着把这些短语穿插进去，你会发现会议产生了实际行动，并且朝着理想的势头发展。

我相信电视是唯一可以真正打动社会最底层的媒介。

——加里·马歇尔（Garry Marshall）

第五章
打造观点

Tailor Your Point

　　你不知道一个人喜欢吃什么，是不会为他 / 她做三明治的，同样地，你也要预想到你的观点对听众会产生什么样的影响。一些培训师和顾问将以上归结为"了解你的听众"，但你要了解的东西更为具体，而不仅仅是知道他们是谁，以及他们知道什么。你要知道听众想从你那里获得什么。

　　场合和环境不同，听众的需求也各不相同，这些需求可能包括以下几点：

　　◇信息

　　◇深刻见解

　　◇新闻或最新信息

　　◇启发

　　◇欣赏

　　◇共鸣

◇阐释

◇安慰

理想情况下，你沟通时的基调应该符合听众的具体期望，或者至少可以提到听众所期望的东西。换句话说，当你需要成为激励者时，不要去做战略家。当你需要成为欣赏者时，不要去做指责者。当你需要成为鼓励者时，不要去做挑战者。

你怎么知道自己扮演了正确的角色？每次沟通前，问问自己"这个听众想从我这里获得什么？"

一旦你知道了你的听众对你有什么期待，如果不能在自己的观点中包含这些听众所期待的东西，请确保你整个沟通过程中包含了这些东西。否则的话，无论自己的观点多么有力，你都有可能看起来脱离了听众。

我认为，只要富裕存在，贫穷就是邪恶的。

——罗伯特·肯尼迪（Robert Kennedy）

第六章
紧扣观点

Stay on Point

有观点的一大好处就是，当你絮絮叨叨、失去焦点，或者像一艘偏离轨道的火箭那样离开观点的"星球"，你总是可以运用它来修正你的发言"轨道"。

首先，你要明白你可以在发言过程中无数次提到你的观点，或者运用你的观点回归"正轨"。你的观点再怎么重复也不为过，因为没人会在听完一场发言后说这种话："这场发言很棒，但是发言者重复了太多次观点。"那就像抱怨得到了太多好的建议一样。

如果你突然发现自己迷失在"太空"中（不知所措），你可以立即使用以下过渡句回归你的观点：

◇"我的观点是这样的……"

◇"重点是……"

◇"要记住这样一点……"

赶紧"刹车",然后回归你的观点就行。政治家总是这么做,把它当作自己工作的一部分。你也要把它当成自己的工作。

他们的观点和你的观点

时不时地,在一些情况下,你被迫需要把自己的观点搁在一边,提到他人的观点。这在讨论会成员和电视节目嘉宾身上最常发生,此外当你与其他人都忽视了的固执己见的晚宴客人独处时,也会面临这样的情况。

很容易就会上了他的"钩"——尤其是当你觉得自己可以很好地驳倒对方时。但你要意识到,在反驳他人的观点上花费越多时间,你用来表达自己观点的时间就越少,你知道的,表达自己的观点才是你唯一要做的最重要的事情。

你也要知道,在大多数会议和采访中,会议成员和接受采访者不应当像念百科全书一样发言。如果电视节目主持人或会议组织者邀请你参与,她应当让你有机会表达与既定主题相关的你自己的观点。如果你察觉出其他的期待和议程，我建议你不要接受这个邀请。

对我的一些客户来说，这样的采访可能会充满对抗甚至是敌意。他们很容易因为自己观点之外的观点或次要观点受到攻击。这种情况发生时，要忍住想要自我辩护的冲动并且不偏离自己的观点，就像这些观点是救命稻草一样，这是非常重要的。如果有人对你发动人身攻击，说明他无法公平地辩论你的观点，你就更应该坚持强调自己的观点。

在政治圈，这种将讨论方向引回自己观点的技巧常被称作"支点"，政治家常常转向无实际意义的政治主张和口号，而你需要围绕的是根据你自己的经验和能力提出的实际观点。你无须道歉，因为那就是你该做的。

如果有人想将你的注意力从你的观点转移到辩驳他的观点上，你可以考虑用以下过渡句（有时也称之为"桥梁"）坚持你的立场，确保不跑题。

◇"我听明白你说的是什么了，但我的观点是……"

◇"我知道你说的那种流行观点，但是事实是……"

◇"这实际上是一个灰色地带，但我认为……"

◇"是的，你说的可能是对的。但我认为……"

◇"那不是真的。事实是……"

◇"我把这个问题留给更加专业的人士来回答，但我的观点是……"

如果有人对你本人进行攻击，你甚至可以这么说：

◇"我知道我说的话可能冒犯了你——我很遗憾——但是更重要的一点是……"

不管你是在回答抛给你的问题或仅仅是在承认这个问题，下一个关键的步骤是要立刻有力地表达你自己的观点。换句话说，做你该做的事情。

我认为努力工作，好运自来。

——威尔特·张伯伦（Wilt Chamberlain）

第七章
强化观点

Strengthen Your Point

现在你已经能够识别自己的观点，学会如何表达观点且紧扣观点，也能够意识到应该推销观点而不仅仅是分享观点。这些知识就已经可以使你比其他对手和同事更胜一筹。

现在是时候学一些加分项了：通过关键的发言技巧和技术来强化观点。

威力句号（使用降调）

很多你认识的人、你的报告对象，甚至是你钦佩的人——都会在表达观点的末尾提高声调，虽然他们并不是在提问，但听起来却像是问句。我们常称之为升调讲话。

把下面两个句子大声读出来，听听什么是升调讲话，特别要注意标点。

◇"我们的客户群规模扩大了两倍？"

◇"我们的客户群规模扩大了两倍。"

有些人天生就容易说话以句号（降调）结尾，还有人说什么都忍不住要采用升调。这与经验或是其他沟通技巧都没有关系。一些成就斐然的公众发言者长期采用升调讲话，而一些没什么经验的发言者却能够轻易地以句号结束一句话。无论你是不是天生讲话喜欢用升调，这个习惯都会严重阻碍你表达观点。当你提问的时候——哪怕是听起来像是在提问——你都是在暗示听众"我不确定"。但是如果你用句号（降调）结束句子，你就像是在说"这件事我很了解"。

为了检验这一点，我让学生听我用这两种不同的方式从 1 数到 5。之后，我让他们告诉我哪一种方式数数可以更加体现出力量、自信和权威。

第一列我是这么读的：

1？

2？

3？

4 ?

5 ?

第二列我是这么读的：

1。

2。

3。

4。

5。

这个实验确实算不上有多少科学依据，但参与其中的几千名学生中，大多数学生都觉得第二列——以句号结尾的那一列——听起来更加有力，充满自信和权威性，这种感觉的依据仅仅是数字末尾的标点。其他条件都保持一致，而且要知道，这些可不是话语或者观点——这些仅仅是数字。光是听起来像问句就会极大地减少观点表达的威力。这就是为什么改变升调讲话的习惯格外重要。

想要改掉升调讲话的习惯，学会运用我所说的"威力句号"，第一步是要训练自己的耳朵去识别讲话中的问号。多听听你的老板和同事是怎么讲话的。再听听新闻和电视节目主持人的讲话方式。如果你能忍受的话，也听听政治家怎么讲话的。训练你的耳朵去识别出他人的升调讲话，然后再找出自己的升调讲话。

当你能够发现自己在升调讲话时，你就能够做到训练自己使用威力句号替代升调讲话了，尤其是在你的语速足够慢的时候，能够有意地识别和改正升调讲话。

你的目标并不是让所有句子都以威力句号结尾。但是如果使用威力句号，你能猜到发言的哪个部分受益最多吗？（提示：发言中最重要的部分。）

没错。那就是你的观点。

我所见过的把威力句号运用得炉火纯青的人有罗纳德·里根（Ronald Reagan）、比尔·克林顿（Bill Clinton）和贝拉克·奥巴马（Barack Obama）。想象他们每个人在任职期间说出下面的句子：

◇"这一经济方案将大大改善美国中产阶级的生活。"

◇"这些法律能够加强我们的国土安全。"

◇"我们工会的状况很好。"

这些前任总统曾经是我们最尊敬的公众演讲者，当然，对克林顿和奥巴马来说，他们现在亦是如此，我认为他们受人敬爱绝非偶然。并不是因为他们是总统，而是因为他们每个人都知道如何表达"这就是我所坚信的"。

我们之间的障碍

亲密的交谈比冷淡的沟通更能吸引人。这意味着发言者应该尽量拉近与听众之间的距离（当然也不能贴上去）。克林顿总统在市政厅辩论时就使用了这个技巧，走近自己的听众。

不仅要更加靠近听众，最好能够清除你和听众之间的障碍物。这些障碍物包括演讲台、桌子、写字板、平板、钢笔、教鞭、鼠标，甚至还有你的手。

说实话，大多数发言者都会手持东西或双手合掌，这是因为他们可以将紧张感转移到这些物体上。实际上，手握东西的感觉确实很踏实。但是手持东西会让你的听众分散注意力，这时手持东西就弊大于利了。

这就是为什么 TED 的演讲嘉宾不愿意放置讲台和桌子，还通常展开双手。这也是为什么，如果可以的话，你应该尽量接近你的听众，并保持在灯光下讲话（即使是在投影演示的时候）。是的，阴影也是一种障碍物——如果听众都看不到你了，你如何用自己的观点有力地说服听众？

说起看不见，人们进行电话业务时常常最难成功表达自己的观点。视频会议就会减轻这种困难程度，但是视频通话者常常看着屏幕，而非镜头，因此也无法与听众直接沟通。如果你很重视向一个人或一类群体表达你的想法，出现在他们面前很重要，你的身心都要出现在他们面前。

我准备演讲的时候，会拿走手里和兜里所有的东西，把讲台和桌子放到一边，甚至摘掉眼镜。一般而言，我会尽己所能避免分散听众的注意力，避免让听众看出我的紧张情绪，并且增加和听众之间的直接互动。我知道这些方法可以增强我的观点，至少可以减少一些不利于观点表达的障碍。

提高声音音量

对于任何一个试着表达观点的人来说，仅仅是提高声音音量就可以获得巨大的突破。但是当我让我的学生有意地"大声讲话"时——不是喊叫——他们很少能做到。大多数学生就是不能大声讲话,就算我求他们也不管用。他们最多也就比平时稍微大声了一点,而且说几个词后声音又小了下来。

极少数能够在我的指令下特别大声讲话的学生也很难保持这种音量。到了第六个词,他们的声音不是降到了刚好能听清的音量,就是还那么轻柔。

所以,我们先不要去想你说话声音过高的情况。大多数人要么做不到,要么就是不允许自己那么做,因为这么做会触发他们的害羞"警报"。

现在想象一下仅仅通过提高声音音量就可以克服的公众发言中常犯的错误:

◇口齿不清

◇讲话太快

◇讲话总以问号而不是句号结束

◇讲话声音太小

声音音量真的是一种令人受益终身的公众讲话天赋。当我的学生提高声音音量的时候,仅这个变化就能够体现出他们的力量、能力和权威性，成效显著。

大声讲话不仅可以强化你的观点，还能提升你的职场能力。大声讲话可以使实习生听起来像是经理，经理像是副总裁。建议腼腆的员工大声讲话比让他"展现更多领袖风范"更加有实际效果。

如果你正用麦克风讲话或是在参加一个远程会议，请保持声音洪亮、有力。在这些场合中，很多发言者声音小得像是在对话，没有意识到音量小也弱化了他们的观点。

最后，提醒自己和自己的员工，别人能否听清你讲话完全在于你自己，而非听众。这对在较大发言场所或者是在电话中讲话也同样适用。不会有人因为发言者声音小，就特别安排狭小的空间供他讲话使用。

性别挑战

提高声音音量的优点对男性和女性都应该适用，但偶尔会有女学生告诉我，她怕提高说话声音会让人觉得她"气势汹汹"或者"声音刺耳"，她觉得这样会引起听众的反感。

我没有假装自己是专门研究性别歧视的学者，但有女学生来咨询我的时候，我常常会让她和其他女生用她们认为是"不恰当、不舒服的"声音音量来表达观点。然后我对教室里学生的感受进行了调查。"她的声音听起来气势汹汹吗？"我问他们。

答案常常是一致的：不是。她的同学是在保持政治正确吗？可能是的，所以我又问道："她的声音听起来怎么样？"

答案一般包含"有力""自信"和"坚定"等修饰词——这些都是观点表达得好的体现。

但这并不意味着性别歧视不存在或是你永远碰不到，性别歧视是存在的，你也会碰到。但我认为这些偏见多出现在沟通者辩驳或抨击的时候——不是在他们忙着表达自己最实质性的观点时。相反，如果你更加专注于自己有力的观点，他人很少会觉得你看起来过分激进。回想一下最近由女性发表的富有激情的演讲，这些女性通常被认为是非常有感染力的：

◇米歇尔·奥巴马（Michelle Obama）在 2016 年美国民主党全国代表大会（Democratic National Convention）上

的发言。如果说我听过一场完美的演讲——从头到尾都很完美——那一定是这场演讲了。

◇梅丽尔·斯特里普（Meryl Streep）在 2017 年获得美国金球奖终身成就奖时发表的感言。是不是觉得这个奖项很耳熟，没错就是丹泽尔·华盛顿获得的那个奖项，我们在第二章中还看过他的获奖感言。

◇维奥拉·戴维斯（Viola Davis）在 2017 年获得奥斯卡金像奖（Academy Award）最佳女配角奖（Best Actress in a Supporting Role）时发表的感人的获奖感言。

如果你怕别人说你气势汹汹或者声音刺耳，就想着说话柔和或"随意点"来避免被人批评，去谷歌（Google）上搜一搜，看看这些获奖感言的视频。

我建议害怕被批评的人不要在意其他人的言论。不用为了迎合听众不合理的偏见而改变自己表达观点的方式——那是听众自己的问题，不是你的问题。无论你的听众成熟与否、有无偏见，你只要继续保持自己的方式就可以了。

你想发出气泡音?

　　声音音量小的另一个风险就是容易说话声音"低哑",这也常被称为"气泡音"。很多人都会无意识地发出"气泡音",还有一些人会故意发出气泡音。如果你不是很了解气泡音,用谷歌搜索"费丝·萨利(Faith Salie)气泡音",看一下费丝 2013 年的 YouTube 视频,见识一下卡戴珊姐妹的标准气泡音。另一个有名的气泡音例子:比尔·克林顿。

　　目前还不清楚为什么有些人比其他人发出更多的气泡音,但其中一个最大的原因是力量不足——你的声音能量匮乏。一个解决方法就是通过改变声音音量来提高声音力量。增强能量和用力发声可能是克服力量不足和气泡音的两个最有效的方法。事实上,在我的客户发表重大讲话之前,我常常告诉他们:"如果你在讲话结尾没有感到疲劳,那你肯定没有使用足够的力量。"那并不意味着你应该大喊大叫,你只要展现出足够的力量和气势,用表达观点时应有的力量去讲话就行了。

　　这种能量可能纯粹是意志驱使或是有意提高血糖含量的结果,但也可以通过良好的睡眠和膳食得到增强——

你本应该在大学里学到这一课。没有什么比软绵无力的讲话——不管是观点还是主题之类的东西——更快让听众进入梦乡的了，气泡音就是其中一种表现。

停顿造就完美

人们很容易认为，如果你停顿，听众会觉得你忘了接下来该说什么，就像一个演员忘了台词。停顿也会使人感到尴尬——你的大脑在思考："我不该马上说些什么吗？不该有人说些什么吗？"

但事实上，停顿不是你的敌人，而是你的朋友。

首先，你要意识到，你的听众理解你说的话要比你说话本身多花费一倍的时间。停顿可以创造时间间隔，在这段时间里听众可以更好地理解你的观点，这是十分重要的。把你的观点想象成往盆栽的土壤里倒的水——水被吸收、渗透下去是需要花费时间的。

当你停顿的时候，你也为你的听众创造了有意义的悬念——"接下来会发生什么？"然后听众会慢慢理解你刚才的话，直到你说出下一个词。这就是优秀的发言者经常在表达观点前停顿的一个原因。

如果你能充满自信地运用停顿，你的听众会觉得你"现在正在他们面前思考"，这多么让听众兴奋啊。听众都喜欢活生生的经历，包括比赛和运动项目，停顿使你的发言具有即时性——那是和录播完全不一样的感觉。

停顿也可以很好地代替"嗯""啊"和"呃"等废话。仅仅是不说这些词汇也并不简单，但停顿给了我们其他选择。多加练习，你能够完成从废话词到停顿的转换。

但是目前我们运用停顿的最重要的一个原因是，停顿可以使你有时间组织话语，使你的发言更加准确。对我们很多人来说，我们的嘴说得比脑子想得快，这意味着你还没完全想清楚，话就脱口而出了。停顿可以使你先想再说，在表达观点之前想清楚，让你的脑子走在嘴前头。

下面这个方法可以验证这一点。马上描述出你工作中最满意的一点，并说出为什么这一点令你满意。这样开头："当一名……，我觉得最棒的一点就是……"（如果你讨厌你的工作，想象一份你喜欢的工作——这就是个练习，不是效绩评估，不要那么较真。）

继续。我听着呢。

好了？

现在再做一次。但这一次，记住：

我有的是时间，需要的话，想停顿多少次都行，停顿多久都行，只要能准确地说出我的意思。

停顿是没有坏处的，接受这个观念，再试一次。

有什么不一样吗？停顿应该可以帮你争取时间准备要说的话。如果你的停顿太长，多加练习可以使你将停顿的时间控制在合理范围内。如果你担心这些停顿产生不良影响，请记住，几乎没有哪个听众会说"这次发言很精彩……就是停顿多了点"。

听众很少会记得这些停顿，原因很简单，什么都没发生的时刻很难令人印象深刻。所以运用停顿制造悬念，充分利用其带来的即时性，并让观点更加准确。想做到这些，你需要一些练习，但是当你最终能够灵活运用停顿的时候，停顿会成为观点最好的伙伴。

无论如何，我依然相信人们的心地确实是善良的。

——安妮·弗兰克（Anne Frank）

第八章
完成观点

Complete Your Point

当你结束发言的时候，最好以自己的观点作为结尾。你的观点不一定是最后一句话（虽然那样也没什么问题），但是最后的时候一定要重申你的观点，因为你的观点是你最想让听众离开时还想着的东西。

我称之为"安稳着陆"，因为结尾时有力地重申你的观点就像一个体操运动员干净地落在垫子上，没有多余的动作。

当我的学生没能安稳着陆的时候，他们常常会犯以下 4 个错误：

1. 用类似"这就是我所掌握到的信息"这种话语，包括我个人最喜欢用的"好了，这是最后一张幻灯片"结束整个发言（就好像整个发言是一场艰辛、难熬的考验）；

2.结尾的时候没有传达或重申最后一个观点；

3.最后一句话说得含糊不清；

4.结尾一点也不明确。

最后一句话值得格外强调。为什么人们一直说啊说，就好像被诅咒了一般。想象一个比萨外卖小哥按响你的门铃。你让他进来，拿钱给他，把小费也给了他。他递给你美味的比萨……然后就站在那里，纹丝不动，就是不走。

比萨外卖小哥就象征着一个刚表达完观点的沟通者……因为某些原因还在喋喋不休。他说得越多，他观点的效果就越弱，说话就越跑题。

为了避免这种情况发生，一定要意识到自己什么时候已经成功表达了观点。当你已经成功表达了自己的观点，就停下来或者快速总结一下，避免"自杀式"废话。送到货，知道自己送完了，然后撤退。

而会议发言者常犯的一个错误就是最后一句话紧接着下一个议程，比如说提问回答环节或者介绍另一位发言者。

他们没有给听众时间理解他们说的最后一个观点。听起来就像是"这种方法可以比以前挽救更多生命——现在让我们邀请萨莉（Sally）上来进行接下来的发言"。

不要急着抢了后勤人员的活儿，从自己的观点上分散注意力，弱化了威力句号的效果。让这两句话中间停顿的时间间隔符合段落之间一般停顿的时长。

"这种方法可以比以前挽救更多生命。"

（鼓掌声，可能也会有喝彩）

◇"……现在让我们邀请萨莉上来为我们解释这种方法是怎么帮我们省钱的。"

或者

◇"……现在我乐于回答各位的提问。"

人们搞砸结尾的最大原因是他们一开始就没有一个明确的观点。没有一个真正的观点，你无法举例说明，也因此在总结的时候对听众无话可说。所以这时，发言者就会突然停下来，或者持续喋喋不休，徒劳地在脑海里搜寻想表达的那一点。

在婚礼致辞的时候，经常可以见到这一幕，发言者觉得自己只有"杰克，我最好的朋友"这个观点。20分钟过去了，整个讲话一团糟，不是因为杰克的伴郎喝醉了，而是发言者一直在搜寻真正想表达的点。

我认为，选择一个富有创造性的职业，其结果必然是承担你选择它的风险。

——凯特·布兰切特（Cate Blanchett）

第九章

观点表达的五大敌人

Five Enemies of Your Point

即使你掌握了前面所有这些简单、明智且实际的建议，传达观点的时候，你还是可能会遇到一些困难。我们已经探讨过在他人试图引导你偏离自己观点的情况下该如何应对，但表达观点的过程中你还会遇到一些不是那么明显的挑战，很多时候问题就出在你自己身上。

第一大敌人："和"字

我们都听说过这么一句话"少即是多"，意思是简洁的沟通可以产生巨大的影响力。但我们也同样需要记住"言多必失"，意思是当我们在观点中加入多余的词汇时，我们的观点也随之被削弱。

这可能看似不合常理。毕竟，在大多数人看来，观点不就像房子——面积越大价值越高？根据这个思路，很多沟通者都会使用"看似无辜"的"和"字，把多个观点合并成一个观点。

问题是，每多一个"和"字，你就给了听众其他可供思考的选择，从而削弱了观点的力量。

看看我是怎么开始本章介绍的：

> 即使你掌握了前面所有这些简单、明智且实际的
>
> 建议……

你记住这句话里每个形容词背后的含义了吗？每个形容词的含义又在你的脑海里停留了多久呢？

如果我写的是下面这个句子呢？

◇就算你掌握了所有实用的建议……

这样我就只给了你一个观点去思考，可能会更加切题。

现在我们来看看"和"字如何影响那些本可以更具实质性的观点。比较以下两个句子：

◇这一举措将提升和增强我们取得成功和挽救生命的能力。

◇这一举措将提升我们挽救生命的能力。

就我个人而言，第二个例句看起来、听起来更加吸引人……而且这个观点一开始就不需要加入"增强"和"成功"等词。

在第二章，我们把这种现象称为分叉结尾，这里我想着重讲讲如何识别分叉结尾。其实问题主要出在"和"字上。现在对你所有已经准备好了的讲话和汇报进行"和"字测试，然后问自己这两个问题：所有这些修饰词我都需要吗？如果我只保留表达效果最强烈的那个修饰词，有什么益处和弊端呢？结果很可能是，舍弃那些多余的"和"字及其他修饰词，反而益处更多。

这并不意味着你必须舍弃所有的"和"字，但是"和"字测试能够使你舍弃那些效果微弱的形容词（"空容词"），让你的观点更加显著。

第二大敌人：废话词汇

在第七章，我提到了废话词汇，本章我要着重强调一下，废话词汇确实是观点表达的敌人。很明显，你希望自己的观点是有意义的，而不是废话。以下这些词汇常常划分在废话的类别里：

　　◇嗯

　　◇啊

　　◇所以

　　国际演讲协会（Toastmasters International）是一个著名的非营利教育组织，目的是帮助协会内的成员提高自身的交际、演讲和领导能力。协会中有专门担任"'啊'字计数员"角色的成员，负责记录发言者说废话词汇的次数。

　　虽然了解自己使用废话词汇的频率非常重要——尤其是要知道自己都会说哪些废话词汇——但是知道了这些并不一定能让你慢慢改正这个毛病。就算你知道这么做是错的，想停下这件事还是很困难。（我马上就想到了让人难以割舍的巧克力蛋糕。你呢？）

　　你需要做的就是找到可以代替这件事的东西。这里，代替废话词汇的最佳选择就是停顿。你的目标就是训练自己察觉到快要说出废话词汇的时刻，用停顿取而代之。

　　就像我在第七章提到的那样，停顿是你最好的朋友，因为停顿可以为你创造时间以思考接下来要说什么，确保你接下来的话是有实际意义的，而不是废话。

第三大敌人：所有道歉的话

道歉，甚至只是说"抱歉"，这些都是我在研讨会分享的关于表达观点的禁忌。当众道歉的问题在于，这些道歉的话就像是挂在你脖子上的霓虹灯广告，上面写着"我搞砸了"，格外显眼。听众们会记住这些道歉的话，这些话本身就可以严重损害观点的可信度。

记住，分享自己宝贵的观点本身就是在帮助听众，而不是听众在帮助你。所以即使你说漏或说错了一个词、咳嗽了一声、跳过了一页，或者打了个嗝，你无须道歉或感到抱歉。继续说下去就行。必要的话，不用道歉直接改正即可：

◇我们的成功率是35%——实际上是75%。

与其类似的一项禁忌就是说出自己多么紧张、没准备好，或者多么害怕。你可能会有这些感觉，但你不能表露出来，因为脱口承认这些感觉会大大降低你的可信度。

想一想，"我很紧张"就暗示着"我不是专业人士"。如果你很紧张，就坚持说下去，要知道，最重要的是表达观点，而非你本身给听众留下了怎样的印象。

第四大敌人：语速快

语速快是表达观点的致命伤。很多发言者都没有注意到，听众听见和理解你的观点要比你说出观点花费更长的时间。结果——尤其像我这样语速快的发言者——很难让听众记住发言信息，仅仅因为听众没有时间消化这些信息。语速快的发言者是典型的说得比想得快的那类人。语速快剥夺了发言者用于构建观点的宝贵时间。理想状态下，情况应该是相反的——你应该让脑子想得比嘴说得快，像大力扣球前积蓄力量一样，观点构建也需要准备时间。

如果你发言语速快，仅仅告诉你要"遵循语速限制"是没有用的。速度很难控制，但是刹车是可以控制的。发言时，你的刹车就是声音音量和停顿。提高你的声音音量需要提高呼吸强度，这使得发言者很难说话快。而在发言过程中插入停顿可以降低你的速度，给你短暂的时间来自我更正和规划观点。

我常对学习公众发言的学生说，你要把听众想象成一群听力困难、非常愚笨的人。这种设想迫使发言者放慢语速、提高声音音量并使用简单的语言，不管听众智商如何，这些总归是有益处的。

第五大敌人："国土安全部"

拿你认识的人的数量减去你真正喜欢的亲戚数量，再乘以数十亿。现在得到的那"一部分"就是害怕公众发言的人了（没错，大部分人都怕公众发言）。

很多调查显示，人们觉得公众发言比死还可怕。但我们要澄清一点——人们怕的不是公众发言，人们怕的是当众受辱。所以想要克服这种恐惧，不是要不惜一切代价地避免公众发言，而是要避免觉得公众发言时自己看起来很傻。

是谁经常告诉你，你看起来很傻？

那个人常常就是你自己。

是你脑海里那个声音在说：

◇"你搞砸了……"

◇"大家都觉得你讲得太无聊了……"

◇"你讲的话很愚蠢……"

◇"你看起来非常非常紧张……你本来就该紧张！"

因为这个声音是从你身体里跳出来的，像自己的声音一样，所以你很容易相信它。但是那个声音不是从你脑子里跳出来的，而是从你大脑里那个"国土安全部"蹦出来的，里面住着你的不安情绪。

那又是谁发出这个声音的呢？是那个"国土安全部"的发言人兼首席说客。我们就叫他罗伊吧。关于罗伊，你要知道一件事：他是个大骗子。他不仅说话愚蠢、充满错误，还会撒一些恶毒的谎。罗伊的工作就是让你感到不安、让你事后批评自己并暗中破坏你为体现自信所做的一切努力。

那你为什么会信任他呢？

　　每次我的客户说了一半就停住然后坐下，或是继续说"我接下来可能说得不太好……"或"然后，我没什么要说的了……"或红着脸以"那个，我讲得太糟了"结束发言时，我都能看到罗伊的身影。罗伊非常擅长诱导人们自我毁灭，他会通过撒谎达成这一结果。

　　你在发言前感受到的那些紧张情绪来自哪里呢？它们不在你的肚子里，而在你的脑海里。这些紧张情绪不仅是在你大脑里产生的，也是在那里酝酿的。这一切都是罗伊干的。

　　人们问我该如何克服公众发言的焦虑感，我着重强调以下三点，但每点都不需要你杀死罗伊。

　　1. 识别你的观点。不知道自己的观点是什么，人就会感到紧张。

　　2. 要知道，这一刻无关你本人，甚至也无关你的发言，这一刻的重心是你的观点。你只需要传达你的观点就可以了。

　　3. 大声练习——不要在脑子里默念或是小声嘀咕。最重要的是要训练你嘴里说的和脑子里想的协调一致，共同构思和传达你的观点。你只有真真正正地开口讲话了才能做到这一点。

就像我之前说的那样，想知道你是否成功传达了观点，唯一的办法就是发言后找到一位听众，问他"你听到并理解我的观点了吗？"就是这样。

其他评价的来源——从你脑海里的骗子罗伊到镜子里你的脸，再到力挺你、只说"你真棒！"的同事——都无法准确评估你的公众发言是否成功。

我坚信孩子是我们的未来。好好教导他们，让他们带路。

——迈克尔·马瑟（Michael Masser）和琳达·克里德（Linda Creed）创作，

惠特妮·休斯敦（Whitney Houston）演唱

第十章
如何训练他人表达观点

Train Others to Make Points

　　无论在一个公司里身处哪个职位，真正学会表达观点对每个人都益处颇多。所以这样的好事不要自己独享，也要训练你的员工识别观点并有力地表达他们自己的观点。其他人也会注意到表达观点的益处。

　　具体可以从以下方式着手：

　　◇当你和员工开会时，鼓励他们讲话时使用类似于"我推荐"和"我建议"等强烈表现观点的短语。如果他们无法自然地说出这些短语，可以经常问他们"你有什么好的推荐？你有什么好的建议？"最终，他们会明白该怎么说。

　　◇举办一些组内练习，让你的员工练习如何表达观点，比如运用"我认为"陈述句来表达观点。这对小组很有帮助，就我以往的经验而言，无论是听他人表达观点或是自己提出观点，人们都会学到很多东西。

◇让员工大声讲话，多加运用停顿，找到并说出他们的最高价值主张。

◇建议那些具备发言能力的员工在内部的大小会议中进行发言。切身实践可以使员工增强当众发言的信心和能力。

◇建议那些惧怕公众发言的员工加入国际演讲协会在当地的俱乐部。国际演讲协会最擅长让那些紧张的发言者变得不再害怕做公开发言。

◇让他们来看这本书。绝对没坏处。

我认为，目标是一种个人责任，而不仅是上天赋予的神圣使命。

——迈克尔·J. 福克斯（Michael J. Fox）

第十一章
观点案例

Cases in Point

在之前的几章中，我讲到了如何识别观点、提出观点并且推销观点，让你的观点发挥最大的效果。现在让我们把这些指导一起运用到具体场合中，这些场合既是特别的挑战，也是珍贵的机遇。

场合 1：演讲

关于如何进行一次成功的演讲，已经有很多的建议，比如知道如何呼吸、运用手势、调整站姿和穿着得体，但你要明白，能够提出一个真正的观点、提高声音音量并且充分利用停顿远比这些重要。表现出你知道自己在说什么是一回事，真正做到传达观点又是另外一回事。

无论你是手足无措还是泰然自若，你首先要问自己下面几个问题。

□ 我在念稿子吗？

很多人第一次演讲的时候都会犯一个严重的错误：他们会把要讲的话逐字逐句地写下来。

事实是，除非你是要做主题发言或使用讲词提示器，否则你基本上没必要把要讲的话全都写出来。

不写演讲稿最重要的原因是你肯定不希望自己的演讲听起来像在念稿子。念稿子时，你不得不经常低头看稿子，无法与听众进行眼神交流，而想要吸引你的听众，眼神交流是非常重要的。像念稿子一样演讲，同时还想让听众深刻理解你的观点，那是很难做到的。那些成功的演讲中，演讲者就像在分享刚刚涌现的新观点，而不是念一份几天或几周前就写好的稿子。

所以为什么人们还是会把演讲内容逐字写出来呢？

很多人认为讲话精准、语言优美可以得到听众的青睐，但有一点：听众并不是在阅读你的演讲，他们是在聆听你的演讲。一般来说，听众不会记得你具体的措辞，他们只会记住你的观点——当然，这是在你提出观点的情况下。如果给你机会让你选择，你更希望听众记住你华丽的辞藻还是你有理有据的观点呢？

　　如果你写稿子是为了缓解紧张的情绪，那这种解决办法可就抓错重点了，这样还可能会彻底毁掉你发言的目标。我见过很多喜欢念稿子的演讲者发言期间不知道自己说到哪一句，又重新在稿子里费力寻找。几乎没什么比设法在稿子里寻找念到哪一句更加干扰演讲者表达观点的事情了。

　　缺乏互动、效果减弱、可信度降低和出错率增加——这些都是为了精确地说出某些词汇所要付出的沉重代价。

□在开场 30 秒内我点明我的观点了吗？

　　别把你的观点当成剧情高潮或是剧透，早点提出你的观点可以让听众知道演讲的方向以及原因。

□我是否列出了有效的提纲？

　　一旦你脑海里形成了主要观点和支撑主要观点的例子或次要观点，用尽可能少的词把它们写在一张小便条上，不要写完整的句子。要知道，列提纲只有一个目的——提醒你可能会忘记的那些观点及细节，比如数据和名字。其他东西无须包含在其中。

我常说，提纲应当像一个乐队的音乐歌单——扫一眼就能立即知道有哪些重要的东西需要记住，以及它们的顺序是什么。

在对客户的演讲进行评估前，我会首先浏览他们的提纲。如果他们的提纲详尽得我看一眼都可以自己演讲了，那证明提纲中的信息太多了，于是我会让客户进一步精简他们的提纲。我真正想要的是那种像考试小抄一样，除了演讲者自己，其他人都看不懂的提纲。

随着不断地练习，演讲者应当意识到自己已经越来越少依靠提纲，并根据自己的情况相应地重写提纲，从开始满满一页纸的详细框架，最终缩减到小卡片上的五条要点。

人们使用提纲时犯的一个非常严重的错误是，他们会在说话时看提纲，好像提纲就是听众。但是你向那张提纲所传达的信息，听众是无法接收到的。现在我要告诉你，你不必过分在意提纲。

记住一点，听众不会记住停顿。所以当你低头看提纲的时候，大胆地停下讲话，直到你看到要讲的地方，然后抬起头来表达那个观点。

□我可以现编吗?

有些人认为他们渊博的学识和丰富的经验使他们天生具备可以有效传达这些知识和经验的能力。这样的情况我经常能遇到——尤其在律师和教授身上往往可以看到这种特点——而这却常常会造成讲话漫无边际。

我认识多年的一位高级主管喜欢在大型员工发言会之后说"一两句自己的想法",然而一说就是一个小时或以上。他把准备好的提纲卷在手里,不停地分享一连串他所认为的令人受到启发的深刻见解。说得轻一点,他的讲话算是没有害处,但是他说的话几乎没有多少会被听众记住,也几乎不会产生什么有意义的影响。说得重一点,他冗余的讲话像水刑一样令人煎熬,其他员工都快恨死他了。

最起码要做到:如果你感觉接下来要讲的话有点像是现编的,那就什么也不要说了。找到自己最重要的观点,讲话时要以它为中心,不断支撑这个观点。

□我的练习方式正确吗？

你知道的，练习很重要，但正如我先前提到的，自言自语般小声念稿子并非有效的练习方式。这是人们努力记忆东西时才会做的事情……而不是你现在努力做的。

练习最重要的一点就是要真正地大声演讲出来，字正腔圆、措辞得当。练习不需要用到摄像机、镜子或是某个同事——你只要大声演讲就可以了。

有些人会把自己的练习过程录下来，这对于媒体训练是必不可少的，但对公众演讲的训练来说则是可有可无的。在我的研讨会上，我一般不常采用录视频的方式，原因有两个：

1. 当我们看到视频里的自己时，我们从来不会问"我有没有成功地表达我的观点？"相反，我们会以此评估自己的形象，就像我们平常照完相和照完镜子后做的那样，问道："我的头发乱吗？我看起来是不是很傻？我的牙齿白不白？"我们很容易把录像当作"梳妆台"，却很难把它当作提高观点表达能力的工具。

2. 视频能够暴露我们的弱点，但只是知道自己的弱点——比如，知道自己用了多少次"嗯"——并不能帮你进行自我改正。这本书里的建议旨在帮你由内而外提升观点表达的能力。

□我是否有技巧地叙述了故事？

听众喜欢故事。你在大多数有关公众演讲的当代文章中都能读到这种说法。但是与演讲主题不相关的故事就只是个故事，没有更多价值。当你选择用一个故事来支撑某个观点时，你要做到以下两点：

1. 讲的故事要有用——这个故事可以证明、阐明或解释你的观点，而不是仅仅作为一种娱乐。

2. 你要明白，当你明确地将故事和你的观点联系在一起时，你讲故事的目的就达到了。某位主管讲了故事却没有解释它和主题的联系，这种情况我见过太多次了。故事和观点之间的联系应当是这样的："我分享这个故事是因为它阐释了……"如果没有过渡和提示，你就是在依赖听众自己去完成重头戏——理解你的观点。

我用几个假设的例子来解释这一点：

◇一个首席执行官讲关于她第一份工作的故事时，应当体现出她对努力工作的欣赏……她需要讲出这种联系。

◇一位保险推销员讲关于地震的故事时，应当体现出人们为灾难做好准备的必要性……他需要这么讲。

◇一位动物福利的倡导者讲关于营救一头落入陷阱的公牛的故事时，应当体现出制定严格的动物保护法的必要性……她需要这么讲出来。

场合 2：演示文稿

有些人认为演示文稿是一种僵化的工具，强迫人们呈现发言内容的结构，毫无新意。这话虽有道理，但是如果发言内容的结构呈现得当，演示者能够通过罗列次要观点、相关证据和解释，显著强化观点。

有效的演示文稿展示也可以使演示者紧扣观点，并在视觉上强化所提出的观点，无论是以文字、图片还是表格的形式呈现。这种强化观点的方式对视觉型学习者——那些善于通过视觉刺激学习的人——来说尤为重要。我知道这一点是因为我本人就是个视觉型学习者。当我看到观点在屏幕上呈现而得到强化时，我就能更加理解这些观点。如果强迫我只听不看，我记住的东西就比较少。

但是想要真正产生影响，演示文稿的展示必须符合某些特定的标准。虽然下面没有将适用于演示文稿展示的建议和技巧全部列出——整本书的建议对演示文稿展示同样适用——但下面所列的这些建议对表达观点十分重要。

□你的每张幻灯片都对你整体的观点有帮助吗？

标题之后的每一张幻灯片都应当支持你的主要观点。如果你不能说出某张幻灯片是如何支持你的观点的，那可以考虑重新构思或直接删除它。

如果你在标题幻灯片中加入你的观点，就能更快地吸引听众的注意力。比较以下两张幻灯片：

运用社交媒体

和

运用社交媒体提高品牌吸引力

□我准备好解释每张幻灯片和观点之间的联系了吗?

每张幻灯片都可以帮你展现信息、想法、观点,甚至是建议,但是只有你才能指出幻灯片与观点之间的联系。尽管演示文稿可以做得非常华丽,但它无法说明自己与观点的联系。

所以当你向听众展示完每张幻灯片后,要这么说:"这张幻灯片是切题的,因为它展示了 / 证明了 / 支持了我……的观点。"

表明幻灯片和观点之间的联系确实很有必要,甚至对那些重点是历史背景的幻灯片来说亦是如此。

比较以下口头介绍就能看出这一点:

◇让我们首先了解一下这个项目的历史背景。2012年……

再看看下面这个与观点联系更紧密的版本:

◇回顾项目的历史背景,我们可以找到衡量成功与否的标准。2012 年……

□我是否将所有完整的句子都删除或缩短了？

　　避免在你的演示文稿中使用多余的词汇。记住：有了演示文稿，你只是在听众的视觉上强化了你所说的观点，而且演示文稿上不应出现完整的句子。

□我是否使用了项目符号分条阐释次要观点？我是否遵循了"五五原则"？

　　"五五原则"规定每张演示文稿幻灯片上不得出现五条以上内容，每条内容不得超过五个词汇。我很赞同采用这个原则指导词汇和内容的取舍。

　　项目符号不仅可以让你的观点表达简明扼要，还可以确保你的听众将目光更多地集中在你身上，而不是你的幻灯片上。

□坐在最后面的听众可以看清我幻灯片上的词汇和图表吗？

　　如果某个听众坐在房间最后面，看不清你幻灯片上的词汇和图表，那你幻灯片上的文字字体和图片就太小了。

与其把内容挤在一张幻灯片上，只有前排的听众能看清，倒不如把这些内容分散到两三张幻灯片上，让听众都能看得清楚。没有哪个展示者应当说出"我知道这张图表很难看清，但是……"这样的话，这简直是致命错误。

□我的演示文稿中包含毫无用处的幻灯片吗?

对我来说，除非这张幻灯片可以支撑你的观点，否则它就毫无作用，所以我建议你删掉不符合要求的幻灯片。

有些演示文稿展示方面的专家建议演示者在一些幻灯片上只打出一个单词，如"坚毅""创新"，或是只打出一个隐晦而炫酷的短语，如"追随你内心的风筝"。他们认为，比起一条条的内容，听众更加容易记住这些简单的短语。

听众可能确实更容易记得这些简单的短语，但是考虑以下几点:

◇即使听众记得"坚毅"或"追随你内心的风筝"，一旦脱离了语境，这些词或短语还有什么意义呢? 它们还有什么价值呢? 可能就像上次从幸运饼干里抽到的谚语一样吧。

◇演示文稿展示不是记忆测试。一般来说，听众都会做笔记，并在展示结束后得到你的演示文稿。所以当你可以分享具有实质性内容的幻灯片时，为什么还要让他们看一些没有意义的幻灯片呢？

◇分条列项经得起重复：沟通者的任务就是传达观点，而不是丢出几个词。

□是幻灯片在支持我还是我在支持幻灯片？

我常常看到发言者站得远远的，有时甚至坐在他们的座位上，手里拿着翻页笔，一边看他们的幻灯片一边点击翻页笔换页。我还注意到有的发言者在昏暗的角落里进行发言以免妨碍幻灯片投影。

以上几种情况，发言者都将他们身为观点表达者的角色——以及与之相伴的权威性和可信度——让给了幻灯片。

发言者的角色弱化，演示文稿的作用上升。

如果你也是这么做的，那你应当对这种主次颠倒感到恼火。你的演示文稿可没有获得大学学位，这辈子也从未真正工作过，更没有你教育程度高、有资历和可靠。所以你为什么要退居后位呢？

优秀的展示者不会让他们的技术工具代表他们提出观点。优秀的展示者会站在演讲区域的中心，在光线最充足的地方，传达他们的观点，并以身后的幻灯片作为辅助材料。

当我使用演示文稿的时候，我甚至不怕挡住听众看屏幕的视线。我知道他们最后肯定会看到的，而我最主要的目标就是让他们直接通过我的讲解理解我的观点，我就是最能胜任这份工作的人。技术永远只能作为配角。

场合 3：在邮件中提出观点

和其他沟通形式一样，在邮件中明确提出观点非常重要。但是，邮件发件人常常会犯一些错误，严重削弱了观点给收件人留下的印象。下面是我在点击"发送"之前会核对的项目清单，确保我能够以最有力的方式表达我的观点。

□我的观点出现在主题栏了吗？

邮件主题栏是暗示观点的首选位置。写邮件最好要简洁明了、充分利用篇幅（如"关于基础设施建设提议的想法"），如果主题思路过时或转向了新方向，大胆地更改主题栏内容就行。最不当的做法莫过于正文采用新思路，标题却还是老标题。

☐这项内容可以使用项目符号分条列举吗?

如果你在思考是否使用项目符号，那答案很可能是需要用。项目符号像闪光灯一般，照亮每一个观点。它们仿佛在说："看这儿，笑一个。"清晰地陈述你的观点，然后把你的例子用项目符号分条列出，对你表达观点十分有帮助。

◇启用我们内部的人才可以为我们公司带来好处，因为这样可以：

- 避免报价高昂的供应商大幅提价
- 为员工创造个人发展和技能拓展的新机遇
- 让我们对项目自始至终保有掌控权，必要情况下，我们可以做多次修改

□我的邮件里有超过三句话的段落吗?

除非你是在讲八卦,不然收件人在读到第四、第五个句子的时候,兴趣就会开始减弱。所以需要拆分过长的段落,保持收件人的兴趣。段落经过拆分后就像章节划分发生了细小的变化——每一个新段落都能够重新激起收件人的兴趣。

□我所陈述的事项是正确的吗?

像大多数新闻机构一样,商务信函也十分注重可信度。而可信度来源于一种隐含的信任:发件人分享的是事实,而非可能真实的事项。所以你要亲自检查所写的事项,确保你可以支持你的观点。

□我是否检查了邮件里的语法错误?

拼写和语法错误非常容易让收件人分心,甚至还会损害你的可信度。每次发邮件前都要重读邮件并检查拼写。如果你想要检查得更加仔细,可以使用其他字体或放大字体再检查一遍邮件内容。

□我在邮件末尾有没有提出建议、推荐或者提议？

　　记住，你的观点需要推销而不仅仅是分享。所以为什么要让重要的下一步（提出建议）听天由命呢？你应当通过具体的推荐或建议强化你的观点，可以说"我们下周四再见"，或者说"我建议让阿莉萨汇总一下项目计划"。

场合 4：员工会议

　　绝大多数情况下，你不是在礼堂里面对 100 人提出观点，而是坐在会议室里和不到 10 个听众发表自己的观点（还有几个通过电话假装关注你讲话的人）。

　　在这种情况下，我已经讨论过的大多数用于表达观点的指导方针还是适用的，尤其是以下这些：

　　◇识别你的观点。

　　◇提前准备。

　　◇提高声音音量。

　　◇使用停顿保持观点表达的精准性。

　　◇使用"我推荐"和"我提议"等短语。

　　◇注意用词简洁。

◇记住你唯一的任务就是传达观点。

提前在笔记本或者笔记本电脑里写下自己的观点并带到会议现场会很有帮助。当你需要表达观点时，这些记录可以帮到你，只要你不是照着念，听起来就比较自然。一般不要"现编"。

场合5：高级行政人员的内部交流

执行经理需要负责很多重要的内部交流，包括例行讲话、员工会议、项目评论和全员备忘录。内部交流的主题囊括了从员工感谢日到公司全面整顿等方方面面。尽管交流的场合和形式多种多样，每一个场合中这些经理却承担着相同的义务——首先要有明确的观点。

看看以下表述：

◇让我们一起庆祝员工感谢日！

对比

◇让我们在员工感谢日上表彰我们的优秀员工。

以及

◇本次重组对公司有利。

对比

◇本次重组使我们可以分配更多资源完成挽救生命的使命。

以下这些自查项目可以强化组织工作列表上的要点。

□我是否埋没了自己的观点？

记者常常在揭露主要观点前过分阐释，反而"埋没了新闻重点"，因此受到批评。本来一两行就能结束的解释却总是发展成了两段，这往往是因为作者已经沉醉在自己的介绍性文字里了。

经理也经常犯相同的错误——试图为表达观点"做铺垫"或"暖场"，却反而埋没他们的观点。这么做，他们可能会误导听众，削弱主要观点。

早一点展现自己的主要观点可以很好地为后面的讲话做铺垫："这就是我将要向你们展示的。"

下面是一个例子：

◇亲爱的员工：

我喜欢节约时间的工具，因为它们可以提高我们的工作效率。所以我很激动可以向你们分享我们的技术产品和云服务的最新进展以及技术部员工的轮班情况，我认为这些可以使我们更容易地做好我们的工作。

一条简单的建议：使用现在时态。这些是即时沟通，所以如果你准备写或说"我曾想告诉你（们）"时，考虑换成"我想告诉你（们）"。这看似是件小事，但是你肯定不会说"我曾经很骄傲地和你（们）分享……"或者"我曾经激动地宣布……"，所以不要用过去时态说你想要做什么。永远用现在时态描述你的观点。

□我的发言内容紧凑吗？

简洁是一种美德，大多数员工都想在阅读通告或者开完会后赶紧回到工作中去。所以为了感谢他们花费时间来听（看），你要快速切题，表示感谢，然后结束发言（别像比萨配送员那样）。

找到那些可以删去的词汇——尤其是"空容词"，以及那些事后批评的话，事后批评的话可能听起来很好，但并非"需要知道"而是"知道更好"。

□我结束时是否表达了期望？

增强发言启发性的一个好办法就是传达你的期望——你所希望最终可以达成的对员工和公司有利的目标。把对未来的期望作为结尾对听众也有激励作用。所以深入思考你的观点，找到最能够给人以希望的描述，然后在观点中体现出员工的辛苦工作：

◇我认为我们最大的成就即将到来。看到你们如此尽心尽力、激情四射，我知道我们一定会有所成就。

□我记得表示感谢了吗？

一位老板能够传达给员工的最重要的想法——可能也是最容易传达的一种想法——就是感谢。对员工来说，领导的感谢就像一盒用金色星星包装的巧克力。经理应当在每次沟通中表达感谢，无论是对全体员工表示感谢（"我看到了你们的辛苦付出"），还是表彰某个员工所做的努力

（"我想特别表扬珍给我们公司带来的积极影响"）。

因为经理的认可影响非凡——可以让员工感觉自己受到重视，可以立刻吸引员工的注意力——使用下面这样简单的过渡句介绍或加强一个主要观点，效果更佳：

◇技术团队对公司的贡献巨大，这说明内部工作能力提升十分重要。

场合 6：绩效考核

想让绩效考核中的面谈环节卓有成效并非易事。考核员工表现不仅关乎员工个人的发展和晋升，也能够让领导确保自己可以得到工作所需的支持。而成功进行绩效面谈需要你条理清晰、语言简洁地传达观点。

□发言开始的时候我是否对发言的主要内容进行了概述？

你没有必要给你的员工制造悬念。以普通但清晰、与目标密切相关的观点开场，像这样：

◇查理，（我认为）总的来说，你工作效率很高，在你的努力之下，我们的产品找到了新市场。

这样有利于立即打破尴尬气氛，让你的员工感到放松。

如果你对员工的评论大多是消极的，也明确说出来，并说清楚这对公司达成目标的影响。

◇查理，（我认为）总的来说，你的工作表现没有达到我们的期望，所以让我们利用这次机会讨论一下如何改进你的工作方式、提高你的工作效率，更好地为产品找到新市场。

□我是否清楚地传达了对员工的意见建议并举例说明？

当你提出建议和改进方法时，请确保你对此进行了举例说明。但是，这时不必重新提起那些没有做好的地方。你的本意是要改善员工的工作表现，而非引发争论。如果你的员工对此进行辩护，请讲明你的目的：

◇我明白你所说的，也感谢你提出自己的想法。但是现在，我认为我们应当重点关注公司如何更好地发展。

□我是否提供了改进的建议？

正如我前面提到的那样，我最喜欢的一位导师在训练员工时，要求他们提出批评意见的同时必须提供解决办法。这条建议无论是对绩效考核还是员工会议都适用。解决办法有时可以根据你自己的经验来提，有时也可以参考人事部或进修与培训发展部的建议，有时还可以与你的员工进行头脑风暴得出解决措施。

提出改进建议与提出观点密切相关，你现在应该能够明白，仅仅是说出"我提议"这个短语都使你不得不提出一个有力的观点。

场合 7：专家咨询组

如果你比较成功或者有名，或者你和某个项目组织者是领英（LinkedIn，一个全球职业社交网站）上的好友，你迟早会坐在专家咨询组席上。有些人认为当专家组成员比当发言者要容易，但是想想专家组成员的职责：积极表达自己的主要观点，回答现场提问，既要表现出学识丰富，又要乐于听他人提出见解，能够与小组成员、主持人和听众轻松地互动，并且还要小心谨慎，既不能话太多也不能话太少。

就像演讲那样，一个优秀的专家组成员必须有能力识别并传达自己的主要观点。如果会议结束时你还没有推销那些观点，你倒不如不去。无论在那一个小时里发生了什么——不管是主持人提问无关的事情、听众做出过激的反应还是其他小组成员作秀——你的任务是确保自己做应该做的事情。

考虑到所有这些可能出现的情况，准备是重中之重——但却常被忽视。有些专家组成员说"我可以现编"，他们认为只要具备专业知识和技能就可以胜任专家组成员的职责。但他们常常表现得很糟糕。

下面这个清单可以帮助你在担任专家组成员时紧扣自己的观点。

□我是否提前对自己的观点做了充足的准备？

永远不要冷场。提前准备两到三个与你的专业技能和本次会议或活动宗旨有关的观点。思考并解释这些观点如何可以切实帮助听众，重点关注"需要知道"而非"知道更好"的事实。

如果可以的话，提前向主持人提出这些观点，这样她就可以提示你了。主持人和你一样，都希望你可以提出内容充实的观点。

□我知道自己要向谁作答吗？

除非你已经收到指令，不然永远要向提问者作答。主持人提问，你要面向主持人作答。专家组成员提问，你要面向专家组成员作答。听众提问，你要面向听众作答。

你也可以偶尔面向听众让他们感受到你对他们的关注——尤其当你要提出的价值主张涉及他们时——但是你的开场白和结束语依然应当聚焦于提问者本身。

□我知道每个人的名字吗？

把主持人和其他专家组成员的名字记下来，经常使用这些名字。和同僚和平共处——哪怕假装和平共处——会让人信心倍增，内心舒畅。但是不要冒风险。叫错专家组成员的名字就像叫错伴侣的名字，后果不堪设想：一旦你犯了这种错，你的可信度会瞬间崩塌，哪怕是你的观点也帮不了你。

□我的脑海里是否储存了可以支撑观点的数据?

专家组成员的可信度源于你的资历(这应该在会议手册里体现或是由主持人说明)、明智的观点(这就取决于你自己了)以及支撑你观点的论据。做好第三点,别碰运气。在脑海里——也在提纲中——记下那些论据、研究案例以及具体例子,随时准备好提出这些信息,明确指出它们与观点的联系。没有比"我们可以从这个案例的研究中得知……"更能吸引听众注意力的话了。

□我准备好插入自己的观点了吗?

如果你没有很早提出自己的观点,你可能需要为此做出一点努力。仔细想来,这种情况与其说像拼词大赛倒不如说更像是一场晚宴——顺序并不重要。你可以使用类似"在萨拉观点的基础上……"或者"我想回到雅各布提出的观点……"或者"我希望听众能够记住这样一点……"这样的衔接手段。

记住：如果时间结束，你还没有提出观点，不管你说了其他什么，这都是在白白浪费机会。

□我是否有技巧地叙述了故事？

就像演讲一样，一个切题的个人故事——越个人越好——可以很好地解释你的观点并使听众心里产生共鸣。要记住，只有在明确解释这个故事与你观点的联系后，它才有价值。

□我是在传达自己的观点还是在反驳他人的观点？

正如我前面提到的那样，如果谈话朝着错误的方向发展，可别一错到底。重新回到你自己的观点上，可以使用以下过渡句：

◇"那的确是个重要的问题，但现在让我们回到重点上来……"

◇"我听懂你的想法了。但是我的观点是……"

◇"我们已经就此讨论了很多，但重点是……"

如果你受到了攻击，你可以辩护或重申你的观点，但是不要显得无礼，更不要浪费时间反驳他们的观点。

记住：好争论——尽管听众会很乐意看到这样的场面——对你建立可信度和成功传达观点来说几乎没什么好处。

□我表现出对听众的尊重了吗？

听专家组讨论的听众，就像你的伴侣，他们想要得到你的认可。但是你没法用鲜花和糖果讨好他们。他们可能知道也可能还没察觉到，但下面这些都是他们喜欢的"小礼物"。

◇赞美："这是一个好问题！"

◇重申他们的问题："您问的是……"

◇后面再次提到他们的问题："这一点与前面提的问题相关……"

◇提供实质性的见解："您应当知道这些。"

在你的观点后面紧接着提供有用的建议可以算是加分项。会议听众总在寻找对自己有价值的事情——他们关注的不仅仅是名牌闪存盘这样的会议纪念品——所以要尽量让你说的话符合 WIIFM 原则：这对我有什么好处（What's in it for me）？

比较符合 WIIFM 原则的表达方式常常会以"你回到办公室后，我建议你……"作开头。

□我说的句子完整吗？

发言者应当使用完整的句子回答问题，这么做的原因有很多。首先，这样可以使你的观点明确，甚至让那些漏听了问题的人也可以听明白。其次，使用完整的句子为你创造了更多时间，让你在说的同时充分构思答案，帮你为观点搭建框架而不是单纯做出反应。

例子：

问：鲍勃，你认为社交媒体提高我们的民主水平了吗？

◇鲍勃的"废话"回答：

当然提高了。看看社交媒体对上次选举产生的影响就知道了。事实上，我所在的公司就设计了一个很棒的社交媒体平台。

◇鲍勃的改进版回答：

是的，我坚定地认为社交媒体拥有提高民主水平的力量。看看上次选举激发的广泛社会讨论就可以知道。事实上，格林普多数字公司（Green Poodle Digital）设计了一个互动性极强的社交媒体平台，鼓励人们交流有意义的想法。

□我是在回答还是在单纯做出反应？

回答是形成一个观点，填补自己见解中的知识空缺："下面是我的观点。"做出反应是下意识的动作，有时受情绪驱使，会显得过分具有防御性："不，那根本就不是真的。"

尽量避免做出本能反应。主持人和听众可能会期待交锋和激烈争论，但你的任务是打造周密的观点。你表现得越镇定、越克制，你越容易做到这一点。

□我注意自己的表现了吗？

记住，听众一直在看你（镜头可能也是），所以只要你在专家组席上，你就要表现出很感兴趣的样子，听到他人的好点子点点头，如果你的母亲在观众席，别做让她丢人的事。

说到母亲，她给你定的规矩里，有些在这样的场合也适用：

◇大声发言。

◇坐直了。

◇别人说话时保持安静。

◇别老是碰自己的脸。

我认为，做使自己恐惧的事情，且持续去做，每个人都可以克服恐惧。

——埃莉诺·罗斯福（Eleanor Roosevelt）

总　结

让我们来回顾一下本书前面引用的爱因斯坦的名言：

> 如果你不能把它简单地解释出来，那说明你还没有很好地理解它。

爱因斯坦知道——你也知道——观点充满力量。但是如果你不能有技巧地精准使用它，这种力量只是一种可能性，也就是说你需要透彻地理解自己的观点。

很多沟通者一上来就提出一些不成熟的见解而非观点，并且他们只是分享观点而不是有力地推销观点，没能发挥他们表达观点的潜能。但是可以有力表达观点的人却能够影响和激励他人，产生积极的作用。历史不断地向你证明了这一点。如果看了这些你还不为所动，可能前面说过的这句话可以打动你：

一个观点都没有，你说的一切便都是废话。

我认为，只要指明方向，所有人都能够做到有力地表达观点。所以祝你能够打造出自己的观点，也把你学到的这些技巧分享给你想帮助的人。

推荐阅读

Berkun, Scott. *Confessions of a Public Speaker*. Sebastapol, CA: O'Reilly Media, 2011.

Carver, Raymond. *Where I'm Calling From: Selected Stories*. Franklin Center, PA: The Franklin Library, 1988.

Duarte, Nancy. *Resonate: Present Visual Stories That Transform Audiences*. Hoboken, NJ: John Wiley and Sons, 2010.

Heinrichs, Jay. *Thank You for Arguing*. New York: Three Rivers Press, 2007.

Hugo, Victor. *Les Misérables*. New York: Signet, 1862.

Kipfer, Barbara Ann（Princeton Language Institute）, ed. *Roget's 21st Century Thesaurus*, 3rd ed. New York: Dell, 2005.

Reynolds, Garr. *Presentation Zen*. Berkeley, CA: New Riders, 2011.

Safire, William. *Lend Me Your Ears: Great Speeches in History*. New York: W. W. Norton & Company, 2004.

Strunk Jr., William, and E. B. White. *The Elements of Style*. Needham Heights, MA: Allyn & Bacon, a Pearson Education Company, 1979.

图书在版编目（CIP）数据

说到点子上 / (美) 乔尔·施瓦茨贝里著；董晓娜
译. -- 北京：九州出版社，2020.9
　　ISBN 978-7-5108-9200-4

　　Ⅰ.①说… Ⅱ.①乔… ②董… Ⅲ.①语言艺术—通
俗读物 Ⅳ.①H019-49

中国版本图书馆CIP数据核字(2020)第102089号

Copyright © 2017 by Joel Schwartzberg

Copyright licensed by Berrett–Koehler Publishers

arranged with Andrew Nurnberg Associates International Limited

本书中文简体版归属于银杏树下（北京）图书有限责任公司。

著作权合同登记号：图字01-2020-4187

说到点子上

作　　者　〔美〕乔尔·施瓦茨贝里　著　董晓娜　译
责任编辑　周　昕
封面设计　兒日设计·倪旻锋 | minfeng9@gmail.com
出版发行　九州出版社
地　　址　北京市西城区阜外大街甲35号（100037）
发行电话　（010）68992190/3/5/6
网　　址　www.jiuzhoupress.com
电子信箱　jiuzhou@jiuzhoupress.com
印　　刷　北京盛通印刷股份有限公司
开　　本　889 毫米×1194 毫米　　1/32
印　　张　5
字　　数　72 千字
版　　次　2020 年 9 月第 1 版
印　　次　2020 年 9 月第 1 次印刷
书　　号　ISBN 978-7-5108-9200-4
定　　价　36.00元